INVENTAIRE

Z47944

Z

I0081933

Z

ŒUVRES

DE

LA ROCHEFOUCAULD

ALBUM

BIBLIOTHÈQUE NATIONALE — R. F. — IMPRIMÉS

PARIS. — IMPRIMERIE A LAHURE

Rue de Fleurus, 9

OEUVRES

DE

LA ROCHEFOUCAULD

NOUVELLE ÉDITION

REVUE SUR LES PLUS ANCIENNES IMPRESSIONS
ET LES AUTOGRAPHES

ET AUGMENTÉE

de morceaux inédits, de variantes, de notices, de notes, de tables particulières
pour les *Maximes*, les *Mémoires* et les *Lettres*, d'un lexique des mots
et locutions remarquables, d'un portrait, de fac-similés, etc.

PAR

MM. D. L. GILBERT et J. GOURDAULT

ALBUM

PARIS

LIBRAIRIE HACHETTE ET Cⁱᵉ

BOULEVARD SAINT-GERMAIN, 79

1883

ARMOIRIES DE LA FAMILLE
DE LA ROCHEFOUCAULD

Armoiries de François VI,
Duc de la Rochefoucauld.

1° Les armoiries non coloriées ont été dessinées par M. Ch. Millon de Montherlant, d'après une gravure, de 1689, signée de F. de la Pointe, insérée dans l'ouvrage publié la même année, sous le titre de *Création des chevaliers de l'Ordre du Saint-Esprit faits par* Louis le Grand, *ou Armorial historique des chevaliers de l'ordre, très exactement recherché, blazoné et orné de suports et cimiers, et présenté au Roi, par le sieur F. de la Pointe, Ingénieur et Géografe du Roi, mis en jour sur celui qu'il a dessiné pour Sa M^{té} en 1686 et 88.*

2° Les armoiries chromolithographiées (par M. Pralon) ont été dessinées et peintes par M. Ch. Millon de Montherlant, qui a pris pour modèle

La Rochefoucauld. — Album.

du dessin de l'écusson un sceau de cire adhérent à une lettre autographe de François VI, duc de la Rochefoucauld, conservée, avec d'autres lettres, dans un dossier de la Bibliothèque nationale (Manuscrits, fonds français 6728).

FRANÇOIS, Duc de la Rochefoucaud, Pair de France, Prince de Marsillac, Marquis de Guercheville, Comte de la Rochegnion, etc. mourut 17 Mars 1680. la terre de la Rochefoucaud erigée D. Pairie 1622 verif 37.

F. de la Pointe chu 1689   C. Millon de Mauthelant del 1680

ARMES DE FRANÇOIS VI, DUC DE LA ROCHEFOUCAULD

Ch. Millou de Montherlant pinx.

Lith. Lemercier & Cie, Paris.

Portrait de François VI,
duc de la Rochefoucauld.

Ce portrait a été dessiné par M. Auguste Sandoz, d'après l'émail de Petitot qui faisait partie de la collection d'émaux réunie par feu S. M. la reine Sophie de Hollande, au château des Bois, près de la Haye, et qui appartient maintenant à S. A. R. le prince d'Orange. Il a été gravé par M. T. Goutiere.

La feue reine Sophie de Hollande, qui, à notre très-grand regret, ne peut plus lire les sincères remerciements que nous lui devons et lui faisons ici, a permis, en avril 1868, à M. Sandoz de venir copier l'émail de Petitot dans son château des Bois[1]. C'était lui accorder (elle-même le lui a dit) une faveur qu'elle avait toujours refusée, jusque-là, à tous ceux qui la lui avaient demandée, et, en particulier, à l'éditeur des *Émaux du Louvre* (1863), feu Blaisot. Celui-ci n'en a pas moins affirmé, dans une note, que le portrait de la Rochefoucauld, inséré par lui dans sa collection et qui n'a nul rapport avec le nôtre, donc avec celui que possédait la reine, reproduisait ce bel émail. Il nous coûte de le dire; mais la connaissance du fait importe à l'histoire de l'art.

Nous pouvons nous dispenser de tout détail sur les portraits de notre auteur, en renvoyant à un opuscule d'une élégante érudition, à la com-

[1]. M. le marquis de Granges de Surgères ignorait ce fait (il date, il est vrai, de plus de quatorze ans), lorsqu'il a écrit sa note si affirmative de la page 19 de sa *Notice*, dont nous parlons ci-après. C'est à la demande de M. Mohl, membre de l'Institut, et du directeur de la collection des *Grands écrivains de la France*, que la reine de Hollande avait autorisé M. Sandoz à copier et à faire, le premier, graver l'émail de Petitot.

plète monographie que M. le marquis de Granges de Surgères vient de publier sous ce titre : « Les Portraits du duc de Larochefoucauld, auteur des *Maximes*, notice et catalogue, avec deux portraits inédits gravés par Ad. Lalauze, Paris, Morgand et Fatout, 1882. » L'un de ces portraits est, comme le nôtre, une reproduction de l'émail de Petitot. Il y a entre les deux une très-sensible différence pour la figure. Pour se prononcer résolument entre eux, il faudrait les rapprocher l'un et l'autre de l'original. Tout ce que nous pouvons dire en ce moment, c'est que la gravure de M. Lalauze a été faite d'après une photographie, que le dessin de M. Sandoz, mort tout récemment, à la veille de la publication de cet album, a été pris sur l'émail même, en présence de la reine Sophie, qui, très-experte, on le sait, s'est montrée fort satisfaite et a félicité l'artiste, bien connu au reste pour sa consciencieuse exactitude, de la parfaite ressemblance.

FRANÇOIS VI DUC DE LA ROCHEFOUCAULD ❀ NÉ A PARIS EN 1613 ❀ MORT A PARIS EN 1680

A. Sandoz del.   T. Goutière sc

VUES D'HABITATIONS

Vue du château de la Rochefoucauld, dans son état actuel. Dessin de M. S. Barclay, d'après une photographie.

VUE DU CHATEAU DE LA ROCHEFOUCAULD DANS SON ÉTAT ACTUEL.

Dessin de S. Barclay, d'après une photographie.

Dessin à la plume de M. A. Deroy, réduit par le procédé Gillot, d'après la gravure qui est à la Bibliothèque nationale (*Topographie de la France, Charente*) et a pour titre :

Veüe du château et d'une partie de la ville de la Rochefoucaux en Angoumois, désigné au naturel et gravé par Louis Meunier.

Voyez, au tome I, la *Notice biographique*, p. vii, note 1.

VUE DU CHATEAU ET D'UNE PARTIE DE LA VILLE DE LA ROCHEFOUCAULD, EN ANGOUMOIS.

Dessin de A. Deroy, d'après une gravure de la Topographie de la France.

Dessin à la plume de M. A. Deroy, réduit par le procédé Gillot, d'après la gravure qui est à la Bibliothèque nationale (*Topographie de la France, Seine, Paris,* vi^e arrondissement, 24e quartier, rue de Seine, n° 12, et qui a pour titre :

Veüe et perspective de l'hostel de Liancourt (depuis de la Rochefoucauld), *lorsqu'il sera parachevé, du dessein de M. Mercier, architecte du Roy. — Dessiné et gravé par L. Marot.*

Voyez, au tome I, la *Notice biographique,* p. lxxi, note 3 ; p. xcii, note 4 ; et l'*Appendice* VI, p. cx et cxi.

VUE ET PERSPECTIVE DE L'HOTEL DE LIANCOURT.
Dessin de A. Deroy, d'après l'estampe qui est à la Bibliothèque Nationale

Naigeon ajoute en note :

« Il y a très-longtemps qu'on ne voit plus ce Frontispice affligeant à la tête des *Maximes du duc de la Rochefoucauld;* on ne le trouve même dans aucune des éditions qui ont suivi la troisième ou la quatrième[1], comme je m'en suis assuré en consultant toutes celles qui ont été publiées, depuis cette époque, jusqu'à la dernière, imprimée cette année au Louvre[2] avec autant d'exactitude que d'élégance. Ainsi l'auteur des *Maximes* a réparé lui-même l'injure qu'il avait faite à Sénèque; et cette espèce de rétractation publique, la seule qui convienne quand l'offense l'a été, fait également l'apologie de l'un, l'éloge de la candeur de l'autre. » (*Ibidem.*)

[1] Nous n'avons en effet trouvé le Frontispice de Picard dans aucun des exemplaires que nous avons pu voir de la 5ᵉ et dernière édition donnée par l'auteur en 1678. A la Bibliothèque nationale, il est dans un de la première (1665) et dans ceux de la seconde (1666) et de la quatrième (1675). A la bibliothèque Cousin, nous le voyons en tête de ces deux dernières, et en outre de la troisième (1671).

[2]. C'est l'édition in-8°, dite de Suard, faite au Louvre, à l'Imprimerie royale, en 1778, donc postérieure juste de cent ans à la dernière de l'auteur (voyez à la *Notice bibliographique*, II, B, n° 13). Les six volumes de la traduction de la Grange ont le millésime de 1778. Naigeon, en disant : « cette année », se réfère à cette date, bien que le tome VII, où est l'*Essai sur la vie de Sénèque*, porte le chiffre de 1779.

L'Amour de la vérité

FRONTISPICE DES PREMIÈRES ÉDITIONS DES MAXIMES.

FAC-SIMILÉS D'AUTOGRAPHES

1° LETTRE au duc d'Enghien, imprimée au tome III, 1ʳᵉ partie, pages 23 et 24, n° 4. — L'original, appartenant à Monseigneur le duc d'Aumale, est à Chantilly dans les Archives des Condé.

Monseigneur

BIBLIOTHEQUE NATIONALE
R F
IMPRIMÉS

au[...]
le [...]
et [...]
que [...]
de [...]

Sy quelque e[...]
la joie que j'ay [...]
vostre altesse [...]
dans vne des [...]
du monde ce [...]
ce qu'estant [...]
d'en ressentir [...]
Je ne peus nea[...]
paroistre a vo[...]
mesme sorte [...]
c'est desia [...]

Monseig[...]
A Paris ce 2[...]

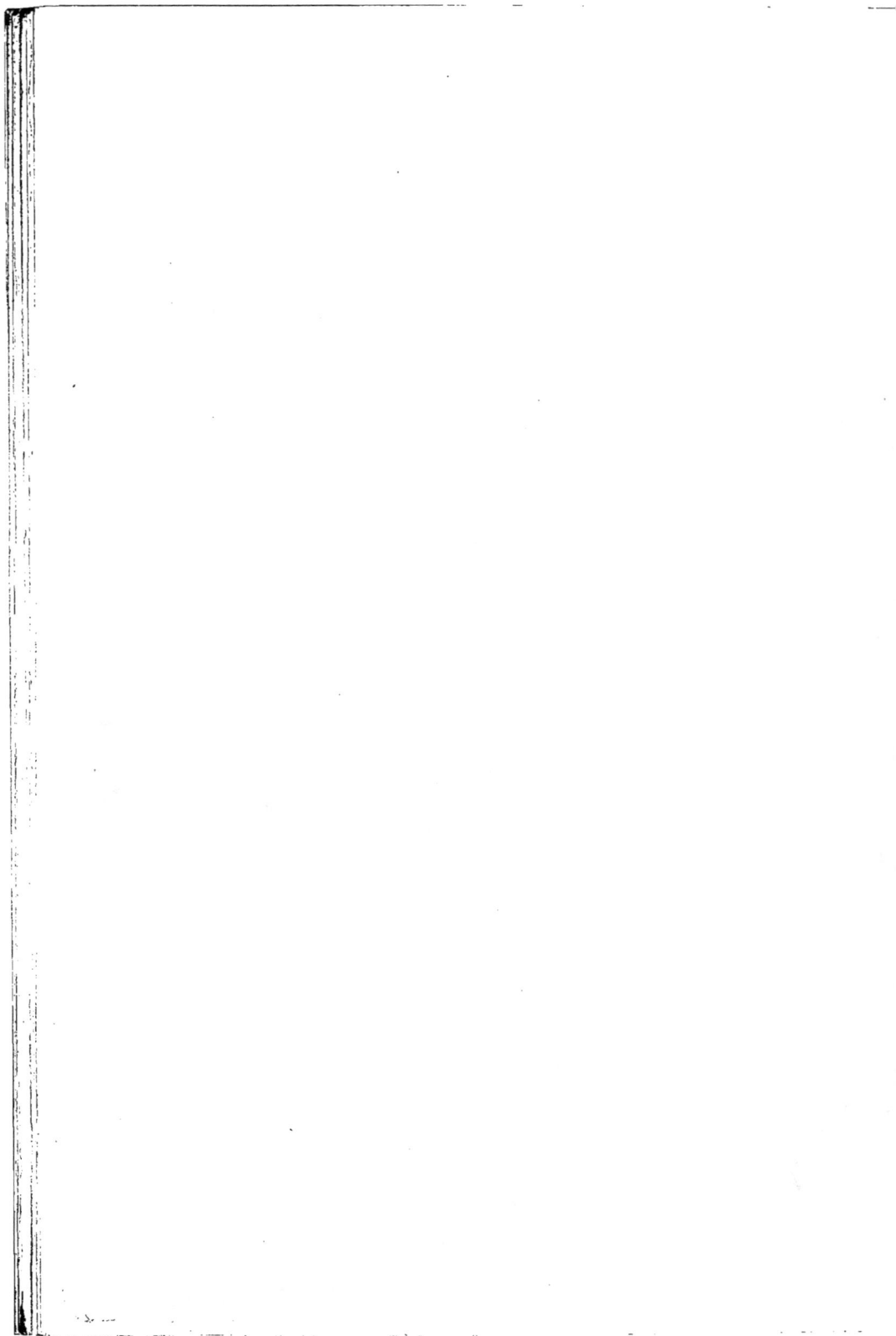

Monseigneur

BIBLIOTHEQUE NATIONALE
R F
IMPRIMÉS

Sy quelque chose pourroit diminuer
la joie que jay de la gloire que
vostre Altesse vient d'acquerir
dans vne des plus cellebres actions
du Monde ce seroit Monseigneur de
ce queltant plus obligé que persone
den ressentir vne extrordinaire
je ne peus neantmoins la faire
paroistre a vostre Altesse que de la
mesme sorte dont toutte la terre
est desia seruy, ny luy tesmoigner

autrement que par des paro[les]
le Zelle que j'ay pour son ser[vice]
et avec qu'elle passion Je souhai[te]
que vous me faciés l'honneur
de me croire

Monseigneur de Vostre Altesse Le Vos tres humble e[t]
obeissant serviteur
A Paris ce 23 May 1643 [r] F Marcillac.

A   Monseigneur

Monseigneur   le Duc

2° LETTRE à Lenet, imprimée au tome III, 1re partie, pages 113 et 114, n° 41. — L'original est à la Bibliothèque nationale, dans les *Manuscrits de Lenet*, tome X, fol. 184 et 185.

et ce ij.me novembre

abaigneux

je ne vous puis dire
présentement autre chose
sur la justice que j'apens
tous les jours qu'on me rend
a bordeaux sy ce n'est qu'aujourd'huy
Julet den escrire sur faralgin
l'autheur je vous assure
qu'une faire destrinieres rien
seront en pour raison et je
veux que vous men faires
reproche sy je ne luy tiens
parole, on me chassa hier de
sans et je ne scay pour combien
de temps jamay tant de luy

Lestat ou Je suis est asses
ambarassant Je cours fortune
destre mis a la bastille sy Je
demeure a Paris et destre
aueugle sy Jen pars, auec tout
cella Je feray mon deuoir Jusq
bout mais Je voudrois bien qu
exeuntall de bonne foy au
lieu ou vous ettes les choses
dont on nous conuenu taut
de fois car enfin cella ennuie
et pendant quon prent tant
de peine a dire des choses fausses
de moy Je pourrois bien en dire
iuy de veritables et Je suis assu

qu'on me croira encore plus
fort sur le chapitre des autres
qu'on ne croira les autres sur
le mien adieu je voudrois
bien que tout ce cy fut finy
et qu'on ne se persuadat pas
si aisément que le salut de
l'estat deffend que je sois
brouillé avec M. le C. a qui je
ne voy pas qu'il luy fut utile
apres tout ce que j'ay fait et
ce que je fais encore qu'il eut
moins de toute fois moy eut on
que j'eusse morut dattachement
a son service mais comme je
vous respons que cella ne se

reglera pas a bordeaux
ekortes seulement le moïd
a attendre les euenement
auec plus de patience sil
se peut je ne vous manda
point de nouvelles car je
vien seay point je vous conj
que cette lettre serve pour
sur de Marchon et pour
vous et de luy faire
milles compliments de ma
part et de me croire tous
deux entierement a vous et

3° LETTRE à la marquise de Sablé, imprimée au tome III, 1ʳᵉ partie, pages 148-151, n° 65. — L'original est à la Bibliothèque nationale, dans les *Portefeuilles de Vallant*, tome II.

Pour sa place dans ce tome, d'où elle avait disparu, et où elle a été réintégrée après restitution, voyez, à l'endroit cité, la note préliminaire et la note 17 de la lettre.

Madame
Marquise
Faré

qui fait tout le mécompte que
nous voyons dans la reconnoissance des hommes
cette que l'orgueil de celluy quy donne et
l'orgueil de celluy quy reçoit ne peuvent
convenir du prix du bien fait

La vanité et la honte et sur tout le
temperament font la valeur des hommes
et la sagesse des femmes dont on mène
tant de bruit

Il y a des gens dont tout le merite consiste
à dire et à faire des sottises utilement et qui
gasteroient tout s'ils changeoient de conduite

On se console souvent d'estre malheureux
en effet par un certain plaisir qu'on trouve à
le paraistre

Ce qui nous fait tant aymer les nouvelles connaissances n'est pas tant la lassitude que nous avons de les vieilles, ou le plaisir de changer, que le dégoust de n'estre pas assez admirez de ceux qui nous connoissent trop, et l'espérance de l'estre d'avantage de ceux qui ne nous connoissent pas tant

On se plaint quelquefois des personnes qui nous sont necessaires, et l'art de faire bien valoir un bienfait est de médisent quelquefois de ceux qui nous obligent, et nous faisons gloire de réputation que le véritable merite

L'imitation est toujours malheureuse.
et tout ce quy est contrefait deplaict avec
les mesmes choses quy charment lors quelles
sont naturelles

Peu de gens cognoissent la mort, on la
souffre non par la resolution. mais par la
stupidité et par la coustume et la plus part
des hommes meurent parce quon meurt

Les frais font des hommes comme des pièces
de monoie, ils les fait valoir ce quils veulent
et on est forcé de les recevoir selon leur
cours et non pas selon leur veritable prix

Voila tout ce que jay de maximes que vous
naviés point, mais comme on ne fait rien pour
rien, je vous demande un potage de carotes, un
ragoust de mouton et un de beuf comme ceux que
nous eusmes lorsque Mr le commandeur de
Souvré dina chez vous, dela sauce verte et un
autre plat soit un chapon aux pruneaux ou
telle autre chose que vous jugerés digne de
votre choix, sy je pouvois essuer deux assietes de

ces confitures dont je ne manqois pas de
manger aubrefois je croirois vous estre
redevable toutte ma vie, j'envoie donc querir
ce que je puis esperer pour Candy a midy, on
apportera tout cella icy dans mon carosse et je
vous viendray conter du succeds de vos bienfaits
Je vous suplie treshumblement que deme
renvoier les quatre maximes que nous fimes
dernierement et de vous souvenir que vous m'avés
promis le traité de l'amitié et ce que vous avés
composé a l'éducation des enfans

e demande ...

qui vit sans folie n'est pas sy sage qu'il croit

BIBLIOTHEQUE NATIONALE MSS
BIBLIOTHEQUE NATIONALE IMPRIMÉS

4° Correction avec variante, proposée par la Rochefoucauld, pour un endroit du roman de *Zaïde*
de Mme de la Fayette : voyez, au tome III,
1re partie, les pages 10 et 11 (et note 1
de la *Notice des lettres*, et, au tome I, la
page LXXXIII de la *Notice biographique*. — L'original est à la Bibliothèque nationale, dans les
Portefeuilles de Vallant, tome II, fol. 162
et 163.

Jay sesse daymer toutes
celles quy mont aymé et
iadore zaide quy me
mespprise, est ce sa beauté quy
produit un effet sy extrovdinair,
ou sy ses riqueurs causent mon
atachement, seroit il possible
une seusse ou sy bizare sentiment
dans le coeur et qua le seul
moien de miatacher fut de ne
miaimer pas, ha zaide ne seray je
iamais asses heureux pour estre
en estat de coqnoistre sy ce sont vos
charmes ou vos riqueurs quy miattachent
e vous

ha Zaide ne me metrez
vous jamais en estat de
cognoistre que ce sont vos
charmes et non pas vos rigueurs
quy m'ont attaché a vous

BIBLIOTHEQUE NATIONALE DE FRANCE
3 7531 03259235 5

www.ingramcontent.com/pod-product-compliance
Lightning Source LLC
Chambersburg PA
CBHW070126100426
42744CB00009B/1749